Ouvrage publié avec le concours du Centre national du livre.

Directrice de collection : Michèle Cochet
Mise en page : Yassen Grigorov

Ce texte est paru pour la première fois
aux éditions Victor Attinger en 1929

8, cours des Bastions, CH-1205 Genève

ISBN 2-88258-126-2. Dépôt légal : octobre 1998
Imprimé à Singapour

LÉOPOLD CHAUVEAU

LA POULE *et* LE CANARD

COLLECTION « LÉOPOLD CHAUVEAU »

LA JOIE DE LIRE

Nous allâmes nous promener, le petit père Renaud et moi, au bois de Boulogne, du côté de la mare Saint-James.

Quand nous approchâmes du bord, tous les canards nagèrent vers nous.

Nous n'avions malheureusement rien à leur donner. Ils étaient là tout près, avançant, tournant, passant, repassant, nous regardant de travers – comme regardent toujours les canards – les vieux poussant de légers coin-coin, et les jeunes des espèces de cris qui ne ressemblaient pas encore à des coin-coin.

Le petit père Renaud me dit:

— Ils sont fâchés!

Tout à coup ils partirent. Des promeneurs s'arrêtaient sur la rive, en face.

— Pourvu, dit le petit père Renaud, que ces gens-là n'aient rien à leur donner non plus!

— Qu'est-ce que cela peut te faire?

— Les canards les aimeraient mieux que nous.

Un seul canard était resté. Le petit père Renaud dit:

— Il est gentil ce gros blanc-là! Raconte-moi une histoire de canard – nous dirons que c'était lui.

Il se pencha pour le caresser. Le canard s'écarta brusquement et le petit père Renaud culbuta dans la mare. Plouc! Il barbota, se releva, l'eau lui montait à peine aux genoux. Il revint en trébuchant, toussa, cracha et se serait sûrement mis à pleurer si moi, je ne m'étais mis à rire. Il faisait très chaud, nous rentrâmes à la maison. En arrivant il était sec. Mais il fallut le changer, le baigner, parce que l'eau de la mare était très sale. Et pendant longtemps il parla du jour où il s'était noyé dans la mare Saint-James. Il oubliait de réclamer son histoire de canard. J'eus le temps d'en écrire une, j'ajoutais une poule au canard et quand il s'écria enfin:

— Tu m'avais promis une histoire, le jour où je me suis noyé dans la mare Saint-James! Je répondis tranquillement:

— Voilà!

Et je lus…

Cahin-caha, dans la poussière, sur deux jambes longues mais inégales, clochant, soufflant, se dépêchant, marchait une vieille paysanne maigre. A son bras, brimbalait un panier. Dans ce panier, si vous y aviez mis le nez, vous auriez trouvé que cela ne sentait pas bon. Dans ce panier, il y avait un canard. Ce n'était pas lui qui sentait mauvais. Il y avait aussi une poule. Ce n'était pas elle non plus qui sentait mauvais. Il y avait encore un fromage, un beau fromage rond, et c'était lui, lui tout seul qui exhalait cette odeur et incommodait la poule et le canard.

– Frère canard, dit la poule, je crois que je vais me trouver mal.

– Chère sœur poule, reprit le canard, prenez courage, je vais essayer de vous donner un peu d'air.

Se dressant sur ses pattes, il tenta de soulever le couvercle. Il perdit l'équilibre, piqua du bec, jusqu'aux yeux, dans le fromage.

– Oh ! ce pauvre monsieur canard ! gémit la poule. Oh ! le nez dans cette horrible chose qui sent si mauvais ! Pauvre cher monsieur !

Le canard retira son bec, cligna de l'œil, frétilla de la queue et dit:

– Cette chose qui sent si mauvais a un goût excellent.

– Pouah ! fit la poule, quelle horreur !

– Pas si horreur que ça ! répliqua le canard.

Et il grignota du bout du bec, l'horrible chose qui sentait si mauvais.

– Pas horreur du tout ! Excellent même ! ajouta-t-il.

Et il attaqua le fromage.

– Goûtez, goûtez, chère sœur poule, c'est vraiment bon !

– Non ! Non ! je ne pourrai jamais toucher cela du bout du doigt.

– Essayez, chère sœur poule, allons ! tenez ! un tout petit morceau ! Allons ! pour me faire plaisir !

– Non ! Non !

– Pour me faire plaisir, voyons !

– Cela vous fera-t-il vraiment plaisir, frère canard ?

– Très grand plaisir, chère sœur poule, j'ai trouvé cette chose si délicieuse que je serais bien content de vous voir en manger votre part. Et la poule, poussée par la curiosité beaucoup plus que par le désir d'être agréable au canard, faisant toutes

sortes de petites mines ridicules, ouvrant le bec, le refermant, avançant la tête, la retirant, avala enfin la petite bribe que lui offrait le canard sur le dessus de sa large patte palmée.

– Pas mauvais en effet, dit-elle, pas mauvais ! pas mauvais ! je continue.

Elle continua, continua, et en quelques instants disparut ce que le canard avait laissé. Alors cela ne sentit plus du tout mauvais dans le panier. Les deux oiseaux se couchèrent l'un contre l'autre, et s'endormirent en respirant l'air parfumé des champs qui venait à eux par les fenêtres de leur prison. Et la vieille paysanne, cahin-caha, dans la poussière, clochant, soufflant, se dépêchant, cahotait sur ses deux longues jambes inégales. Il n'y avait plus de fromage dans le panier, mais le panier n'en était pas plus léger. Bientôt la paysanne le posa au bord du chemin, s'assit elle-même à côté, dans l'herbe, s'épongea le front avec un immense mouchoir à carreaux bleus et blancs qui devint uniformément noir, s'étendit sur le dos, s'endormit. Le canard et la poule s'éveillèrent, comme s'éveillent les petits enfants si leur nourrice cesse brusquement de les balancer dans leur berceau.

– Sœur poule, dit le canard, je crois que notre véhicule est arrêté et j'entends un bruit singulier.

La poule souleva le couvercle. Il s'ouvrit en grinçant comme grincent tous les couvercles de panier qui s'ouvrent. La paysanne, le nez en l'air, la bouche ouverte et les yeux clos, ronflait.

– Voilà le moment d'aller nous promener, dit la poule.

– Pourquoi nous promener ? répondit le canard en bâillant. Ne sommes-nous pas bien ici, bien repus, bien au frais, bien abrités du soleil ?

– Oui. Mais comment cela finira-t-il ? Je crains que l'on ne nous conduise à la foire.

– La quoi ? La foire ? Qu'est-ce que c'est que ça, la foire ?

– La foire, c'est une grande place pleine de bœufs, de veaux, de vaches, de moutons, de cochons, de poulets, de dindons, d'oies, de canards, de pintades, que l'on vient acheter pour les manger.

– Oh ! Oh ! fit le canard, manger du canard ! Je pourrais être mangé, moi ! comme j'ai mangé, ce matin, la chose qui sentait si mauvais dans le panier ?

– Parfaitement !

– Je ne veux pas rester ici une minute de plus ! Sauvons-nous !

Les voilà tous deux hors du panier. Mais le couvercle, en se rabattant, fit ce bruit que font tous les couvercles de panier en se rabattant, et la vieille paysanne se réveilla. Du premier coup d'œil, elle reconnut son canard et sa poule qui trottaient à travers champs.

– Coquin de sort ! s'écria-t-elle.

Retroussant sa jupe à deux mains, montrant, pudiquement tirés sur ses mollets efflanqués, des bas noirs qu'égayaient des reprises blanches et qu'une ficelle fixait au-dessous des genoux, elle agita ses jambes inégales, et, cahin-caha, se précipita à la poursuite de sa volaille fugitive. Cahin-caha, clopinant, se dandinant, fuyait le canard, sans rien dire. La poule courait comme une autruche en gloussant éperdument. Le canard ne pouvait pas la suivre. Elle s'arrêta, revint vers lui :

– Courage ! Courage ! frère canard ! Encore un petit effort ! la rivière est là tout près.

– J'ai du courage, soufflait le canard, c'est la respiration qui me manque.

– Allons ! Allons ! frère canard, encore vingt pas ! encore dix ! encore cinq ! encore deux! Ouf! nous y voilà! Ouste! à l'eau.

Et le canard flottait, comme un joli bateau tout blanc, portant sur son dos la poule effarouchée. La vieille paysanne debout sur la berge, jurait et blasphémait pour calmer ses nerfs irrités. Puis elle retourna, très triste, vers son panier. Elle devint plus triste encore quand elle constata qu'il n'y avait plus de fromage dedans. Le canard et la poule descendirent au fil de la rivière. Le fromage, en même temps, descendait au fil de leurs estomacs : l'appétit vint, et le canard avala une jolie mouche dorée qui glissait sur l'eau. Aussitôt, il sentit une violente douleur dans le fond de son gosier et vit une ficelle sortir de son bec. « Qu'est-ce que c'est que cette ficelle ? pensa-t-il. Serais-je devenu une araignée ? Mais alors je me trompe de côté. » La ficelle allait s'attacher au bout d'un long bâton qu'un homme tenait à la main, sur le rivage. Et l'homme tirait. Le canard nageait en arrière, avec force, le cou tendu, la queue redressée. Mais comment un canard pourrait-il résister à un homme ? La poule voyait diminuer rapidement l'espace qui les séparait du bord. Tout à coup, elle sauta sur la tête du canard, battant des ailes pour ne pas perdre l'équilibre, coupa le fil, puis oscilla à droite, à gauche, cria, tomba à l'eau.

Elle ne savait pas nager, sa tête gagna le fond, tandis que son croupion faisait le beau à la surface et que ses pattes s'agitaient en produisant d'inutiles éclaboussures. Le canard la saisit par un de ses orteils et la remorqua sur la berge d'une petite île toute verte qui semblait flotter au milieu de la rivière. Dans cette île, une vieille cigogne pleine de sagesse, passait, chaque année, les mois d'été. Elle reçut très aimablement les deux voyageurs et les conduisit à l'endroit le plus ensoleillé de son domaine, où la poule sécha ses plumes en rendant l'eau qu'elle avait bue. La cigogne demanda au canard:

– Qu'est-ce que c'est que ce morceau de fil qui sort du coin de votre bec ? Ne pourriez-vous pas l'avaler tout à fait ou le recracher ?

– Madame, répondit le canard, je ne peux ni l'avaler ni le recracher. J'ai voulu, il n'y a qu'un instant, manger une mouche; elle s'est arrêtée dans mon cou où elle me pique cruellement.

– Grosse bête ! dit la cigogne, vous avez avalé la mouche artificielle d'un pêcheur de truites.

– Je ne connaissais pas cette espèce de mouche, dit le canard, et je me serais bien passé de la connaître. C'est une espèce très méchante. Pourvu qu'elle ne soit pas venimeuse !

– Ouvrez une grande bouche, ordonna la cigogne, grande ! grande ! plus grande que ça ! Bon ! Ne bougez plus ! Ouvrez ! Ouvrez !

Et la cigogne plongeant son bec dans le gosier du canard, retira la mouche, l'hameçon et le fil. Le soir même, la cigogne partit pour sa résidence d'hiver, car l'été touchait à sa fin.

– Adieu, dit-elle à ses nouveaux amis, je reviendrai dans six mois. Je vous abandonne mon île ; vous êtes chez vous : adieu !

Elle s'envola, s'éleva en décrivant de grands cercles, et fila soudain dans la direction du midi.

– Elle vole bien, dit la poule.

– Allons nous coucher, dit le canard, il fait grand jour, mais j'ai sommeil.

Ils se couchèrent dans l'herbe, à côté l'un de l'autre.

Ils dormirent si bien qu'un gros rat put venir, pendant la nuit, leur manger les yeux sans qu'ils s'en aperçussent. Le lendemain matin la poule se réveilla la première. Elle ouvrit les paupières, les referma vite. « Encore nuit ! quelle chance ! » Le canard ne se réveilla que le troisième jour, à midi. « Trop tôt ! grogna-t-il, dormons ! » Pendant six mois, ils ouvrirent ainsi, de temps en temps les paupières, constatant, chaque fois, qu'il faisait nuit, et se rendormant aussitôt. Ils mangeaient en rêve d'excellents repas qui les maintenaient gros, gras et prospères. Un jour même, le canard, après avoir trop mangé en songe, eut une indigestion très véritable qui, d'ailleurs, n'interrompit pas son sommeil. Enfin la cigogne revint et les trouva toujours dormant. Elle les secoua vigoureusement.

– Quoi ? Qu'est-ce qu'il y a ? dit le canard.

– Réveillez-vous ? c'est moi ! votre amie la cigogne !

– Ah ! vous nous aviez dit que vous reviendriez dans six mois.

– Oui ! il y aura demain six mois que je suis partie. J'ai avancé mon retour de vingt-quatre heures, tant j'avais hâte de vous revoir.

– Qu'est-ce que vous nous racontez là ? dit la poule, vous êtes partie hier soir et il ne fait pas encore jour.

La cigogne s'aperçut alors seulement que la poule et le canard n'avaient plus d'yeux. Sans s'attarder à leur demander des explications, elle ramassa quatre petits cailloux ronds sur la plage, deux petits cailloux blancs, deux petits cailloux noirs, les nettoya, les frotta et les glissa du bout du bec - les deux petits cailloux noirs sous les paupières de la poule, les deux petits cailloux blancs sous les paupières du canard - chacun à la place où était un œil autrefois. Puis trois coups de patte sur la tête du canard, trois coups de patte sur la tête de la poule, et poule et canard recouvrèrent instantanément la vue. Ils sentirent alors qu'ils n'avaient rien mangé depuis six mois moins un jour. Ils virent, en même temps, entassés derrière la poule les 181 œufs qu'elle avait pondus sans s'en apercevoir pendant son sommeil, à raison de un par jour, pendant ces six mois moins un jour.

– Quelles omelettes nous allons faire ! s'écria le canard enthousiasmé.

Et il attaqua du bec un bel œuf un peu rose. La coquille se fendit, l'œuf s'ouvrit et un gros poussin sauta sur ses pattes en piaulant doucement.

– Veine ! s'écria le canard, du poulet pour notre déjeuner !

La poule vit son fils, et aussitôt l'aima du plus violent amour maternel. Plumes hérissées, ongles recourbés, bec ouvert, elle se jeta sur le canard. La cigogne eut grand-peine à le retirer, à moitié plumé, des griffes de la poule.

– Hé ! là ! là ! gémissait-il, comme vous y allez, sœur poule !

– Je ne suis plus votre sœur, hurlait la poule. Gredin ! misérable ! glouton ! vous voulez manger mon enfant ! et vous m'appelez votre sœur !

– Mais voyons ! répondit le canard, n'avions-nous pas l'habitude, autrefois, de nous manger chaque matin l'œuf que vous pondiez ? Ne faisions-nous point ainsi un excellent déjeuner ? N'aimez-vous donc plus les œufs, vous qui les aimiez tant jadis ?

– Qui vous parle d'œufs ? reprit la poule. Mangez des œufs tant que vous voudrez ! Mais mon petit poulet ! mon enfant ! mon fils ! Cannibale ! Brute ! Anthropophage !

Elle se précipita de nouveau sur le canard. La sage cigogne la saisit à temps par la queue et la retint pendant que le canard se mettait prudemment à l'eau. Enfin la cigogne, par ses admonestations, objurgations, représentations, réussit à calmer la poule et le canard revint. Le poussin, effaré, se cachait sous l'aile de sa mère, bien au chaud, à l'abri de la gloutonnerie de son oncle canard. La paix fut faite. Tout le monde s'embrassa.

– A table maintenant ! dit la poule. Allons ! frère canard, cassez-nous une douzaine d'œufs, et battez-nous une omelette soignée !

Le canard attaqua un second œuf. La coquille éclata brusquement et un second poussin naquit qui courut se réfugier à côté de son frère aîné, sous l'aile de sa mère. Le canard épouvanté se sauva vers la rivière. Il se dandinait sur ses pattes jaunes et pensait :

« Qu'est-ce que c'est que ces œufs qu'on a remplis de petits poulets ? »

La poule riait de bon cœur et criait :

– Où courez-vous frère canard ? N'ayez pas peur ! Vous êtes très gentil d'aider mes enfants à entrer dans le monde. Continuez, sans les manger, et nous resterons bons amis. Allons ! revenez !

Le canard rassuré revint et continua. Des 181 œufs, sortirent 181 poussins, les uns gros, les autres petits, qui allèrent, gros et petits, se réfugier sous l'aile de leur mère.

Et la mère se trouva juchée au sommet de cette montagne grouillante de poussins. Il n'était pas commode d'élever à la fois 181 enfants. Cependant la poule réussit à leur apprendre à tous ce que chaque petit poulet doit savoir. Mais il lui semblait que ses poussins devaient en apprendre plus long que des poussins ordinaires, et elle cherchait quel talent d'agrément elle pourrait leur faire acquérir. Elle demanda conseil au canard qui répondit sans hésiter :

– Il faut leur apprendre à nager !

– Bonne idée ! dit la poule, commençons tout de suite. Prenez Bibi le premier.

– Bibi ! Lequel est-ce Bibi ? Vous savez, moi, dans mon armée de neveux je m'embrouille et je ne les distingue guère les uns des autres.

– Bibi ! Bibi ! appela la poule, viens ici ! Vous ne le reconnaissez pas ? Voyons ! celui qui est né le premier, celui que vous avez failli dévorer.

– Ah ! oui ! celui que vous aimez tant.

– Il a été mon préféré, oui ! il était petit, propre, intelligent. Il devient grand, malpropre, bête. Vous pouvez le noyer, je ne vous arracherai pas une plume pour si peu.

– Oh ! alors ! dit le canard, dans ces conditions ma tâche est extrêmement simplifiée. Allons-y ! Allons-y ! Bibi !

Bibi refusa obstinément de se mettre à l'eau. Le canard fut obligé de le saisir par la peau du cou et de l'emporter au milieu de la rivière. Il le posa sur l'eau et lui expliqua ce qu'il fallait faire.

– Tu vois, Bibi, c'est très simple; tu n'as qu'à te laisser flotter en levant la tête pour qu'elle n'enfonce pas; tu agites les pattes, et tu vas là où tu as envie d'aller. C'est très simple, allons-y, Bibi !

– Oncle canard ! hurlait Bibi, oncle canard, ne me lâchez pas !

L'oncle canard, impitoyable, le lâcha; et le stupide poulet, sans tenir compte des sages conseils qu'il venait de recevoir, laissa sa tête s'enfoncer dans l'eau, agita ses pattes dans l'air. Au bout d'un instant, le canard dit :

– Il ne bouge plus. Il ne veut pas sortir sa tête de l'eau ; ça va mal finir.

– Laissez-le, répondit la poule, puisqu'il fait l'entêté, ne vous occupez plus de lui et venez en chercher un autre.

Le canard vint chercher Didi qui eut exactement le même sort que Bibi puis Fifi, puis Gigi, puis Kiki, puis Lili, puis Mimi, puis Nini, puis Pipi, puis Riri, puis Sisi, puis Titi, puis Vivi, puis Xixi, puis Zizi qui eurent exactement le même sort. C'étaient les quinze aînés, les quinze plus gros.

– Peut-être serons-nous plus heureux avec les petits, dit le canard ; pour bien apprendre à nager il faut s'y prendre de bonne heure. Ceux-là étaient déjà un peu grands. Mais la poule refusa de livrer une nouvelle victime au professeur de natation. Cependant, quelques jours plus tard, elle lui confia une fournée de quinze poussins devenus assez grands à leur tour, pour lui paraître malpropres, peu intelligents, peu affectueux. Ils se noyèrent comme leurs aînés, et la mère n'en fut pas plus attristée. Et tous les huit ou dix jours, les pauvres poussins qui avaient eu le malheur de devenir assez grands pour que leur maman ne les aimât plus, subissaient la même épreuve avec le même insuccès. Un jour enfin, quand la moitié de ses enfants furent noyés, la poule dit au canard :

– Frère canard, je crois que vous êtes un mauvais professeur de natation.

– On ne peut rien tirer d'élèves stupides, riposta le canard.

– Stupide canard, vous-même ! reprit la poule.

– Allons ! Allons ! dit la cigogne. Ces enfants étaient extrêmement intelligents mais peu doués pour la natation.

– Ils étaient extrêmement intelligents, dit la poule.

– Ils n'étaient pas doués pour la natation, dit le canard.

– Mais ils l'étaient prodigieusement pour tout le reste, dit la poule.

– Oui ! Oui ! dit le canard.

A partir de ce jour, la poule dépérit à vue d'œil, minée par le regret de ne pouvoir inculquer un quelconque talent d'agrément à ses enfants.

– Mes fils, gémissait-elle, ne seront-ils jamais que des poulets comme tous les poulets ? Hélas ! j'avais rêvé d'en faire quelque chose ! Ils ne seront bons qu'à mettre à la broche tant qu'ils seront jeunes, qu'à faire du bouillon de poule quand ils seront vieux ! Hélas !

– Ne vous désolez pas, Madame poule, lui dit la sage cigogne. Que penseriez-vous si je leur apprenais à voler ?

– A voler ? A voler ? A voler comme vous ! Ah ! oui ! Voilà qui serait beaucoup mieux que d'apprendre à nager. Prenez Bobo tout de suite pour lui donner sa première leçon.

La cigogne attrapa Bobo, s'envola. Elle monta, devint grosse comme une oie, puis grosse comme une pintade, puis grosse comme un corbeau, puis grosse comme un merle, puis grosse comme un moineau, puis grosse comme une petite mésange, puis grosse comme une grosse sauterelle, puis grosse comme une sauterelle ordinaire, puis grosse comme une mouche, puis grosse comme un moustique, et enfin, tout d'un coup, elle disparut dans le bleu du ciel. La poule et le canard, assis côte à côte, regardaient en l'air sans rien voir. Au bout de quelques secondes, ils aperçurent, très haut, très loin dans l'azur, un point noir qui grossit rapidement et prit l'apparence d'un poulet agitant ses courtes ailes. La poule se gonfla d'orgueil.

– Voyez mon fils ! comme il vole ! Jamais fils de poule s'est-il élevé à une hauteur aussi prodigieuse ?

Malheureusement, cette prodigieuse hauteur diminuait avec une prodigieuse rapidité. Bobo n'agitait plus ses ailes, raidissait son cou, étendait convulsivement ses pattes. Il vint s'écraser sur le sol, à quelques pas de sa mère et de son oncle. Presque en même temps, arriva la cigogne.

– Bravo ! cria-t-elle, bravo Bobo ! il est arrivé le premier. Bravo ! Bobo !

– Oui, il est arrivé le premier, constata le canard, mais je crois qu'il s'est un peu trop dépêché ; il est tout aplati, il ne remue plus.

Le pauvre Bobo gisait mort dans une flaque de sang.

– Essayez si Coco sera plus adroit, dit la poule.

Coco ne fut pas plus adroit. Dodo, Fofo, Gogo, Jojo, Lolo, Momo, Nono, Popo, Roro, Soso, Toto, Vovo, Xoxo, Zozo, ne le furent pas davantage. Tous les membres de la série O vinrent, les uns après les autres, s'écrabouiller les uns à côté des autres. Puis on attendit quinze jours pour livrer à la cigogne une nouvelle série. Même résultat. De quinze jours en quinze jours des essais nouveaux furent tentés. Toujours même résultat ! Un beau matin, le dernier fils de la poule y passa et la poule n'eut plus d'enfant. Alors elle s'ennuya et dit :

– Frère canard, la cigogne, avec toute sa sagesse, n'est qu'une bête, notre île est petite, personne ne passe jamais sur la rivière. Allons-nous-en !

– Quelle agitée vous faites ! gémit le canard. Allez-vous-en si vous voulez, moi je me trouve bien ici. Je reste.

– Venez avec moi, frère canard, je vous donnerai chaque matin un œuf frais pour votre déjeuner.

– Un œuf ! chaque matin. Où allons-nous ?

– Demandons conseil à la cigogne. C'est une vieille bête, mais elle a beaucoup voyagé.

La cigogne leur offrit de les emmener en Egypte.

– Va pour l'Egypte ! dit la poule.

– Autant là qu'ailleurs, dit le canard, pourvu que j'aie mon œuf chaque matin.

La cigogne prit la poule dans sa patte droite, le canard dans sa patte gauche et s'envola les tirant derrière elle au bout de ses longues jambes étendues. Ils passèrent au-dessus de montagnes, au-dessus de plaines, au-dessus de la mer, au-dessus de plaines encore, et arrivèrent au sommet d'un minaret dans le nid de la cigogne. Au-dessous d'eux, dans les ruelles étroites d'un village arabe, sur les toits plats des maisons, hommes, femmes, enfants levaient la tête et se réjouissaient de voir que la fidèle cigogne était revenue. Plus loin, des palmiers avaient l'air de s'ennuyer à côté les uns des autres, au pied d'une colline rocailleuse. Plus loin, derrière une bande de sable, on voyait un large fleuve bourbeux et limoneux. La nuit éteignit le soleil.

La cigogne, la poule et le canard s'endormirent. Les jours suivants, chaque matin la cigogne emporta le canard jusqu'au Nil pour son bain. La poule, très incommodée par la chaleur, ne sortait pas du nid. Elle ne pondait plus, bien que le canard la sommât, chaque matin, de tenir ses engagements.

– Pas moyen ! frère canard, pas moyen ! gémissait-elle en suant à grosses gouttes. Patience! ça viendra peut-être demain.

Le lendemain rien ne venait, et pendant toute une semaine, rien ne vint. Le huitième jour, la poule se réveilla plus tard qu'à l'ordinaire. Ses deux compagnons étaient déjà partis. Elle s'aperçut qu'elle venait enfin de pondre un œuf magnifique, monstrueux, presque aussi gros qu'elle-même.

– Oh ! oh fit-elle, le canard ne le mangera pas, celui-là, il est trop beau.

Elle étendit l'aile sur son précieux œuf. Tout à coup, elle entendit des cris désespérés. Elle grimpa sur le bord du nid et vit accourir le canard. Au bord du fleuve bourbeux et limoneux, la cigogne battait des ailes, claquait du bec, tombait, se relevait, agitait une patte, tandis que l'autre restait fixée dans un gros tronc d'arbre échoué sur le sable. Puis le tronc d'arbre sembla avoir des pattes, quatre courtes pattes, marcha vers la rivière, s'enfonça dans l'eau, enfonçant la cigogne à sa suite, et tous deux disparurent. Le canard, au pied du minaret, criait :

– Au secours ! Au secours ! voilà le crocodile !

Il prit son élan, agita ses ailes ; le bout de ses doigts de pieds ne quitta pas le sol.

– Attendez une seconde, lui cria la poule, il n'y a pas de danger pour l'instant, le crocodile est rentré dans l'eau. Attendez !

Dans un coin du nid, au milieu de chiffons variés, vieilles chéchias mangées aux vers, bouts de turbans graisseux, babouches éculées que la cigogne collectionnait depuis plusieurs années, elle trouva une corde, la lança.

– Attachez-vous solidement par une patte !

– Ça y est !

– Je tire !

Le canard leva la patte. Son autre patte ne quitta pas terre.

– J'ai une idée ! cria soudain la poule.

Et pour une idée de poule, c'était une idée de génie. Elle attacha son œuf monstrueux à l'extrémité de la corde, le lança dans le vide du côté opposé à celui où gémissait le canard. L'œuf descendit lentement tandis que le canard montait avec une lenteur précisément égale mais dirigée en sens contraire. Il arriva; la poule le détacha et dit:

– Maintenant, il faut remonter le contrepoids.

– Remontons-le dit le canard.

Ils le remontèrent.

– Miséricorde! s'écria le canard, quel œuf! quel déjeuner! quel déjeuner de crocodile!

– Cet œuf n'est pas pour vous, reprit aigrement la poule.

– Comment! pas pour moi! Depuis huit jours, sous prétexte qu'il fait trop chaud, vous refusez de pondre, et moi je me passe de déjeuner! Donnez-moi cet œuf immédiatement!

– Taisez-vous immédiatement, vilain canard!

Et la poule allongea trois vigoureux coups de bec sur la tête du canard qui résonna comme un pot fêlé. Le canard se tut et commença à maigrir. Pendant de longs jours, il continua. La poule couvait son œuf, plutôt pour le tenir au frais à l'ombre de son corps que pour le réchauffer, et, l'amour maternel la nourrissant, elle se maintenait en bon état de graisse tandis que le canard égoïste souffrait, périclitait, dépérissait. Au temps voulu, le poussin s'agita dans sa coquille, la brisa et fit son entrée dans le monde. Il était énorme. Le canard le regardait de travers et l'aurait volontiers dévoré. La poule se trémoussait d'aise et gloussait :

– Voyez comme il est beau ! Voyez comme il est gros ! aussi gros que sa mère ! Voyez comme il a de grandes pattes ! Voyez ce long bec pointu ! cette jolie tête duvetée avec des yeux ronds ! ce cou mince qui n'en finit plus ! Oh ! le magnifique fils de poule ! Jamais on n'a vu son pareil !

– Oui ! oui ! disait le canard sans enthousiasme.

Dès le lendemain, la température s'étant considérablement rafraîchie, la poule se remit à pondre son œuf ordinaire, ni plus gros, ni plus petit que les œufs des autres poules.

– Mangez-moi ça, frère canard, il y a longtemps que vous êtes à la diète.

Le canard connut de nouveau des jours heureux, des jours qui amenaient chacun son déjeuner. Et le fils de la poule crût en beauté, en sagesse, en volume. Et plus il devenait grand, plus la poule l'aimait. Cependant, il acquérait de telles dimensions que le canard dit un jour :

– Chère sœur poule, ce fils de poule ne serait-il pas un fils de cigogne ? Le voilà plus gros que vous ! avec de longues pattes, un long cou, un long bec et vous, vous avez les pattes courtes, le bec court, le cou court, sa queue pend vers la terre et la vôtre se dresse vers le ciel. Il ressemble beaucoup plus à la feue cigogne qu'à vous.

– Frère canard, vous êtes un crétin !

– Merci, sœur poule !

Un jour, pour regarder des enfants qui jouaient devant la porte de la mosquée, le fils de la poule se pencha par-dessus le bord du nid. Il se pencha trop et tomba la tête la première.

– Mon fils ! mon fils ! hurla la poule.

– Regardez-le ! dit tranquillement le canard.

La poule poussa un premier cri de joie, un second d'étonnement, un troisième pour le simple plaisir de crier, puis elle garda le silence de la stupéfaction. Son fils bien-aimé se promenait dans les airs en décrivant des cercles autour du minaret. Enfin elle retrouva la parole :

– Voyez ! voyez comme il vole ! et personne ne le lui a jamais appris ! Et il n'a pas plus de trois mois ! Quel poulet ! Quel poulet ! Quel roi des poulets ! Mais fais bien attention, mon cher poulet, ne va pas trop vite, ne tourne pas trop brusquement, n'approche pas du gros tronc d'arbre que tu vois là-bas, échoué sur le sable au bord de l'eau : c'est le crocodile. Allons ! reviens maintenant, en voilà assez pour la première fois ; il ne faut pas te fatiguer. Reviens ! Reviens ! tu vas prendre chaud, et ensuite tu te refroidiras.

– Oh ! Oh ! dit en reprenant pied le fils de la poule, qui était une authentique cigogne, cela fait du bien de se dégourdir les ailes. Oncle canard, venez vous promener un peu avec moi. A rester toujours couché sur le ventre, vous devenez trop gras. Votre santé s'en ressentira.

– Ne t'occupe pas de ma santé, mon cher neveu, elle n'est pas mauvaise, et tant que ta mère continuera à me nourrir je ne demanderai rien de plus à personne. Mon ventre s'arrondira, se gonflera - tant mieux pour lui et tant mieux pour moi.

– Tant il s'arrondira, tant il se gonflera que vos ailes ne seront plus assez fortes pour vous porter.

– Elles n'ont jamais été assez fortes pour me porter; je n'ai jamais su voler, même pendant une triste période où j'étais maigre ! Oh ! que j'étais maigre ! Je marche très bien, pourvu que cela ne dure pas très longtemps; on dit même que je me dandine avec une certaine distinction. Je nage encore beaucoup mieux; je me pose sur l'eau, je flotte, je m'endors en glissant ma tête dans mon aisselle, je me réveille, je donne quelques coups de pattes pour changer de place, je m'arrête dès que je suis un peu fatigué, je repars quand je suis tout à fait reposé. C'est un exercice délicieux. Mais voler ! Jamais de la vie ! Beaucoup trop dangereux, beaucoup trop fatigant pour moi !

– Eh ! bien ! vous, chère maman, ne voulez-vous pas faire un petit tour avec moi ?

– Non, mon cher enfant, merci. Je ne sais pas voler non plus.

– Mais alors, comment avez-vous fait pour grimper ici ?

La poule raconta à son fils, qui était une authentique cigogne, comment ils étaient venus d'Europe aux bords du Nil. L'enfant s'écria :

– Je vous reconduirai en Europe. Laissez-moi prendre encore un peu de force, et vous verrez !

– Bravo ! s'écria le canard qui s'ennuyait sur son clocher sans cloches et avait grande envie de rentrer chez lui.

– Bravo ! s'écria la poule que gonflait l'orgueil maternel.

Chaque jour, le fils de la poule - Cipouligogne, comme l'appelait le canard pour faire enrager sa chère sœur poule - chaque jour, Cipouligogne s'exerça à voler. D'abord autour du minaret, sans le perdre de vue, puis de plus en plus haut, de plus en plus loin. Un beau matin, il déclara :

– Maintenant, je suis prêt à vous ramener en Europe.

– Il serait plus prudent, dit le canard, de t'exercer un peu à nous porter, avant de partir.

– N'ayez pas peur, oncle canard, j'emmènerais jusque dans la lune trois gros ventrus de votre espèce.

– Gros ventru ! gros ventru ! reprit le canard, c'est justement pour cela qu'il vaudrait mieux faire quelques essais avant de nous mettre en route.

– Oncle canard, vous êtes un capon !

– Poule mouillée ! dit la poule.

– Si vous avez peur, restez ici, je n'emmènerai que ma mère.

– Me laisser seul ici ! pour que j'y meure de faim ! Merci !

– Alors nous partons !

Cipouligogne prit sa mère dans la patte gauche, son oncle dans la patte droite, et s'envola. Ils traversèrent la Méditerranée, coupant l'île de Crète en son milieu, glissèrent obliquement au-dessus du Péloponnèse, virent Ithaque, Corfou. Au-dessus de la mer Adriatique, Cipouligogne se sentit tout à coup très fatigué. Il dit au canard:

– Oncle canard, je vous lâche !

– Comment ? me lâcher !

– Vous savez nager, vous vous tirerez facilement d'affaire.

Il le lâcha.

– C'est trop fort ! fit le canard.

Il avait beaucoup à dire encore, mais la rapidité de sa chute lui coupa la parole. Un requin qui passait par là le vit arriver, ouvrit la gueule. Le canard s'enfonça dans le requin sans s'être mouillé une plume. Il eut à peine le temps de penser : « Si on m'avait écouté ! » Et il fut avalé. Cipouligogne allégé continuait sa route. Au-dessus de l'Italie, il se sentit de nouveau très fatigué. Ses ailes devinrent subitement raides ; il dégringola, tenant sa mère poule serrée dans sa patte gauche, et tous les deux s'écrasèrent dans un champ de pommes de terre, quelques minutes à peine après que le canard eut été mangé par le requin. Là-bas, en Egypte, au bord du fleuve bourbeux et limoneux, le crocodile pleurait car il avait vu partir Cipouligogne, la poule, le canard, et il avait toujours espéré qu'ils ne s'en iraient pas ailleurs que dans son estomac.

Le petit père Renaud dit :

– Pauvre crocodile !

J'étais un peu étonné. Il dit encore :

– Et ce pauvre requin ! Tu crois que ça ne lui aura pas fait mal au ventre d'avaler un canard d'un seul coup - avec ses plumes ?

– Oh ! Sois tranquille. Les requins peuvent manger n'importe quoi et ça ne leur fait jamais mal au ventre.

– Ils en ont de la chance !

Léopold Chauveau (1870-1940)
Chirurgien, écrivain, peintre, sculpteur et dessinateur français.

Pour ses fils, dont le Petit Père Renaud, il invente des histoires d'animaux et utilise ses loisirs à faire ses premiers dessins et sculptures. Mobilisé pendant toute la guerre de 1914-1918, il s'occupe des blessés dans des conditions très difficiles. Dans le même temps, sa femme et deux de ses fils disparaissent. Complètement accablé, il pratique encore deux ans la médecine puis se retire à Paris en 1922. Il se livre alors aux activités qui sont sa vraie vocation, la littérature et les diverses formes d'art. Ainsi naissent monstres en bronze, aquarelles, illustrations, gravures sur bois.

De 1923 à 1932, il rédige les histoires inventées jadis pour ses fils et écrit un émouvant recueil de souvenirs sur les blessés de la guerre, une adaptation du Roman de Renart et quatre romans (1930-1934).

Il continue la fabrication des monstres en bronze et peint de nombreuses aquarelles (paysages monstrueux, illustrations pour les Fables de La Fontaine, le Roman de Renart, l'Ancien Testament).

Pendant ces années, il devient l'ami intime de Roger Martin du Gard. Avec lui, il participe aux Décades de Pontigny animées par Paul Desjardins, séminaires qui regroupent les intellectuels de l'Europe entière que la montée du nazisme commence à inquiéter terriblement. Ces amis sont André Malraux, André Gide, Claude Aveline, Raymond Aron, Pierre Bost, André Chamson.

Il meurt en 1940, fuyant Paris devant l'avance allemande, après trois jours et trois nuits sur la route.

Avec *La poule et le canard* commence la réédition de toute l'œuvre pour la jeunesse de Léopold Chauveau par les éditions La Joie de lire.